너의 인사

글·그림 이이삼

비가 와요.
창문 위로 빗방울이
<u>또르르</u>
흘러내려요.

산책은 취소예요.
이런 날 나가면
우리 둘 다
감기에 걸릴지도 몰라요.

집 안에서도
신나게 놀 수 있어.
그러니까...

공놀이 하자!

공놀이는 안 돼!
대신 숨바꼭질할래?

내가 숨을게.
열까지 세고 찾아!

내가 또 술래야?

하나, 둘, 셋, 넷...

멍!

찾는다!

없고...

낯익은 냄새가 난다.

여기 있나?

혹시 여기?

없다.

보이지 않아도 알 수 있어.
가만히 귀 기울이면
너의 온기, 숨결, 냄새가 느껴지거든.

어디에 있든 난 너를 꼭 찾아낼 거야.

우리는
나란히
같은 곳을 향해서
천천히 걸어가.

어느새 꽃들이 피었네.
세월은 이렇게 소리도 없이 조용히 흘러가는구나.

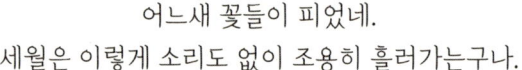

이제 돌아가자. 우리 집으로

반복되는 하루라도
너와 함께라면
매일매일 새로워.

말없이도 통하는 건 너 하나뿐인 것 같아.
조용히 흘러가는 이 시간도,
나는 오래도록 기억할 거야.

내 하루 끝에
네가 있어서
참 다행이야.

기다리는 것은 익숙해졌어.
넌 늘 돌아왔으니까.
조금 오래 걸려도 괜찮아.

너의 발소리가 들려.

어떤 날은 힘이 들지.
하지만 세찬 비도 언젠가는 그치듯
너의 마음에도 고요한 날들이 찾아올 거야.

그러니 걱정하지 마.
괜찮아질 거야.

너를 만나서
나는
행복했어.

내게 남은 날들을
너에게 나눠줄 수 있다면 좋겠다고
빌고 또 빌었어.

하루 내내 조용히
오직 나만을 기다리던 너는
발소리만으로도
내가 온 걸 알아챘지.
그게 고마우면서도
늘 미안했어.

아직도 난 문을 열면
여전히 네가 있을 것 같아.

그래도 나는 아직, 조금 더 슬퍼하고 싶어.

새로운 산책길을 발견했어.
너도 봤으면
아마 마음에 들었을 거야.

보이지 않는 너의 발자국을 따라서
너와 걷던 속도로 걷고 있어.

바람에 흔들리는 나뭇잎들.
너의 인사같아.

무심히 스쳐 지나쳤던
작은 존재들이
조용히 말을 건네 와.

너는 어디에나 있어.

내가 지어 주었던 너의 이름.
잊지 못할 그 이름.

나는 하루에도 몇 번씩
아무도 모르게
너의 이름을 불러.

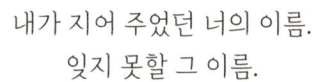

요즘 하늘을 자주 바라봐.

너를 닮은 구름이 속삭이는 것 같아.

"난 잘 있어."

오늘도 호수는 아무 일 없는 듯이 잔잔해.
노란빛이 너를 닮아서 한참을 바라보게 돼.

그곳도 오늘,
예쁜 노을빛으로 물들었을까?
나는 여전히
너의 하루가 궁금해.

보고 싶어.
많이.

늘 네가 술래였지.
이번에는 내가 술래가 될게.

조금 오래 걸릴지도 몰라.
그래도 꼭,
널 찾으러 갈게.

안녕,
이곳은 어느새 겨울이 되었어.
우리가 함께 걷던 길에는
하얀 눈이 소복이 쌓였어.
그곳에서도 넌 여전히 탐정처럼
킁킁거리며 냄새를 쫓고 있을까?

부드러웠던 너의 털은
얼마나 자랐을까?
친구들은 많이 사귀었니?
지금은 마음껏 뛰어놀 수 있어?
우리가 다시 만나는 날에
밤새 이야기 들려줘.
나도 너에게 들려줄
얘기가 참 많아.

너에게 나는
전부였는지도 몰라.
너의 하루의 시작과 끝이
늘 나였으니까.
넌 한결같이 나를 바라봐 주었고,
늘 같은 자리에서 조용히 기다려줬어.
내가 얼마나 큰 사랑을 받았는지
이제야 알 것 같아.

우리가 함께한 시간들을
소중히 간직할게.

루피에게

너의 인사

글·그림 이이삼
편집·디자인 이이삼

펴낸곳 storage book and film
이메일 juststorage.press@gmail.com

ISBN 979-11-994351-1-7
초판 1쇄 2025년 11월 14일

*이 책의 내용의 전부 또는 일부를 재사용하려면
 펴낸곳을 통해 저작권자의 동의를 받아야 합니다.